그리움은 바람이 되어,
기다림은 별빛 속에 숨다

_____ 선생님께

그동안 제 마음을 담아 쓴
첫 번째 시집
『그리움은 바람이 되어,
기다림은 별빛 속에 숨다』를
평소 따뜻한 시선과 사랑으로 격려해 주신
존경하는 선생님께 드립니다.

                       년   월   일

                                     드림

김예서 시집

그리움은 바람이 되어, 기다림은 별빛 속에 숨다

시인의 말

영혼의 빛, 마음의 속삭임

첫 번째 시집을 내기까지 저는 늘 마음속 깊은 곳에서 작은 목소리와 마주했습니다. 그 목소리는 때로 아픈 기억을 달래고 때로 고요한 위로를 전하며 나를 이끌었습니다. 이 시들은 그 목소리의 일기장이자 내면의 빛을 찾으려는 여정의 기록입니다.

영혼이 맑고 고운 언어로 이 시들을 엮는다는 것은 영혼의 집을 짓는 것과 다를 바 없다고 했습니다. 시인이 전하는 작은 목소리가 하루의 끝에서 혹은 길을 걷다가 문득 떠오를 수 있는 따스한 빛이 되었으면 좋겠습니다.

시를 쓰는 일은 나만의 세상과 대화하는 일이지만 그 언어들이 누군가에게 닿는 순간 그 고요한 대화는 의미를 갖게 된다고 생각합니다.

　이 시집이 삶의 여러 순간 마음의 작은 조각들에게 닿을 수 있는 다리 역할을 하기를 간절히 바랍니다.

　끝으로 이 시집을 함께 나누게 되어 감사한 마음을 전하며 언제나 마음의 평화를 찾을 수 있기를 소망합니다.
　하루하루가 더 아름답고 사랑으로 가득하기를 기도합니다.
　묵묵히 지켜보아 준 사랑하는 가족들과 함께 해 준 여러 선배 문우님 그리고 시우詩友들에게 따뜻한 감사를 드립니다.

갑진년 겨울에
김예서

김예서 시인에게 보내는 축사

최호권 | 영등포구청장 |

　김예서 시인의 첫 번째 시집 발간을 진심으로 축하합니다. 시인은 30여 년 동안 주민을 위해 봉사한 공직자이자 순수한 눈으로 세상을 바라보며 아름다운 언어로 노래하는 마음의 화가입니다. 공직자로서 낮을 보내고 어둔 밤 영혼을 다해 육필 원고를 써 내려갔을 시인의 모습이 눈에 선합니다. 이번에 발간한 시집은 그 속에서 다시 쓰고 고쳐 쓰고 갈아 내고 응축해서 만들어 낸 시인의 땀과 열정의 열매입니다. 작품을 위해 인고의 시간을 견딘 시인에게 찬사를 보냅니다.

　시인의 시에는 '그리움'이 가득합니다. 잊혀져 가는 것들에 대한 향수가 아련합니다. 그리고 그리움은 불치不治가 아닌 완치完治의 그리움입니다. 기다림과 사랑 마주 잡은 손으로 완치 가능한 '따뜻한 그리움'이 포근히 감싸는 것 같습니다. 시인의 시집 속에서 세상을 보는 다정한 눈길과 깊은 통찰을 만날 수 있기를 기대합니다.

　장차 시인 앞에 펼쳐질 문학의 길 위에 언제나 빛나는 영감이 함께 하기를 바랍니다.

　그리움과 희망 그리고 삶의 이야기가 아름다운 언어로 찬란한 서사로 피어나기를 기대합니다.

2024. 11.

"시인의 첫 시집 속 시 한 줄 한 줄은,
내가 처음 무대에 올라 노래를 부를 때의 떨림처럼,
마치 음악처럼, 나의 가슴에 울려 퍼집니다…"

사랑하는 나의 찐팬,
예서 시인에게 혜은이 언니가 띄우는 축사

혜 은 이 | 국민가수 |

  오늘 이 시집을 받으며 마음이 벅차오릅니다. 찐팬이 첫 시집을 완성했다는 그 소식이 마치 내가 처음 무대에 올라 노래를 부를 때의 떨림처럼 나에게도 큰 감동을 주었기 때문입니다. 내가 그동안 무대 위에서 느꼈던 기쁨과 아픔이 당신의 시 속에서 또 다른 형태로 생명을 얻고 이제 시인만의 이야기가 세상과 만난다는 것이 너무나 아름답고 뜻깊습니다.
  시인의 시집 속 한 줄 한 줄이 마치 음악처럼 나의 가슴에 울려 퍼집니다. 그 안에 담긴 감정 그려낸 풍경 그리고 무심코 지나칠 수 있는 작은 순간들을 온전히 담아낸 언어는 정말 특별합니다. 때로는 나의 노래가 당신의 마음을 전하는 창구가 되어 주었다면 이제 시인의 시가 나를 또 다른 깊은 곳으로 이끌어 갑니다. 서로의 마음이 이렇게 시와 노래로 닿을 수 있다는 건 정말 고귀한 인연임을 느끼게 합니다.
  이 시집은 단순한 글의 모음이 아닙니다. 그것은 시인이 걸어온 시간 시인의 눈물과 웃음 사랑과 상처를 고스란히 품고 있는 살아 있는 기록입니다. 그 하나하나가 시인의 진심과 꿈 그리고 나를 향한 변치 않는 마음이 묻어 있다는 것을 나는 잘 압니다. 이 시집을 펼치는 이들에게 그 말들이 어떻게 울려 퍼질지 상상만 해도 가슴이 벅차오릅니다.

시인은 세상에 자신만의 이야기를 전할 수 있는 특별한 존재입니다. 그리고 시인은 그 이야기를 너무나 진심으로 고요하지만 강렬하게 풀어냅니다. 이 시집이 한 사람 한 사람의 마음속에 스며들어 그들의 삶에 작은 빛이 되기를 진심으로 바랍니다. 시인이 쓴 시가 누군가에게 위로와 희망이 되어 그들의 하루를 더 아름답게 채우기를 기도합니다.

언제나 그렇듯 나의 찐팬이 이렇게 사랑과 감동을 나누는 사람이 되어 기쁘고 자랑스럽습니다. 이 시집이 단지 시작에 불과하길 바랍니다. 더 많은 이야기들이 세상에 펼쳐지고 더 많은 마음들이 시인의 시에 울림을 받기를 바라는 마음으로 다시 한 번 나의 찐팬인 시인의 첫 시집 발간을 진심으로 축하합니다.

2024. 11.

국민가수 혜은이
· 1975년 노래 '당신은 모르실거야'로 데뷔 · 2020년 11월 제28회 대한민국 문화연예대상 성인가요 부문 가수 대상 수상

그리움은 바람이 되어, 기다림은 별빛 속에 숨다　　김예서 시집

□ 시인의 말
□ 축사_최호권 | 영등포구청장
□ 축사_혜은이 | 국민가수

제1부 리아트리스 꽃대를 켜는 연주 기법

- 19 ── 양파
- 20 ── 어머니의 보청기
- 22 ── 공중전화
- 24 ── 달빛 속삭임
- 26 ── 흑백 사진 속에서만
- 28 ── 안개꽃 향기처럼
- 29 ── 리아트리스 꽃대를 켜는 연주 기법
- 30 ── 세느강변에 노을 내리면
- 32 ── 아침 닮은 당신
- 34 ── 인생 역전
- 35 ── 빈 의자
- 36 ── 별무리 지던 그곳에서
- 37 ── 풍경 내리는 카페에서
- 39 ── 산벚꽃 지는 날
- 40 ── 분홍 꽃잎 위로 한마디

제2부 기억 한 장 넘겨보면

하얀 들꽃으로 피고 싶다 —— 45
홀로 떠나는 여행 —— 46
기억 한 장 넘겨보면 —— 48
지하철을 기다리며 —— 50
시절 인연 —— 51
그리운 날엔 노을빛 내리는 간이역으로
　　　떠나고 싶다 —— 53
가을날의 초대 —— 55
기다림은 꽃무릇으로 피고 —— 56
여름빛 추억 —— 57
선유 도원의 밤 —— 58
별빛 따라 홀로 —— 59
해변에 서면 —— 60
꽃비 내리면 —— 61
햇살에 그을린 너의 미소 —— 62
어느 날 문득 위로 받고 싶은 날에는 —— 64

제3부 핑크뮬리의 꿈

길을 묻다 —— 69
핑크뮬리의 꿈 —— 71

그리움은 바람이 되어, 기다림은 별빛 속에 숨다 　　　　　김예서 시집

73 —— 팬데믹 속에서 피어난
74 —— 아침의 소망
75 —— 옷을 갈아입으며
76 —— 여백의 끝에서
77 —— 화담숲에서
78 —— 잃어버린 시간
79 —— 구상 시인 길을 걸으며
80 —— 저녁노을 밟으며
81 —— 눈꽃의 노래
83 —— 풀잎 속삭이는 길목
84 —— 하루가 비에 젖을 때
85 —— 사랑의 세레나데
86 —— 아카시아 꽃길을 걸으며

제4부 마지막 순간에 대하여

91 —— 소백산을 오르며
93 —— 마지막 순간에 대하여
94 —— 트레비 분수를 바라보며
95 —— 고요의 여왕 앞에서
97 —— 풀꽃 연가
99 —— 이 길 위에는
100 —— 화담숲, 그윽한 차 한 잔

김예서 시집 　　**그리움은 바람이 되어, 기다림은 별빛 속에 숨다**
　　　　　　　　　　　　　　　　　차 례

지금 이 순간 ──── 101
정동진 겨울 바다 ──── 103
고요의 찰나에 ──── 105
사랑이란 ──── 107
너의 눈빛 안에 ──── 108
행복 멜로디 ──── 109
노오란 단풍잎 흩날리는 거리에서 ──── 111

제5부 내일은 더 아름다울 거라고

위로의 순간 ──── 115
해맞이 ──── 116
끝과 시작의 하루 ──── 117
새벽 서기 ──── 119
별빛의 기도 ──── 121
설날 아침 ──── 123
내일은 더 아름다울 거라고 ──── 125
겨울빛의 여운 ──── 126
겨울 바다에서 ──── 128
정월에 ──── 130
꽃샘추위 ──── 132
그리움이란 ──── 134
이팝꽃 ──── 135

그리움은 바람이 되어, 기다림은 별빛 속에 숨다 　　김예서 시집

137 ─── 순백으로 안기는
138 ─── 두물머리의 사랑

제6부 그리움은 바람이 되어, 기다림은 별빛 속에 숨다

143 ─── 담쟁이
145 ─── 창가의 소녀
146 ─── 우체국 앞에서
148 ─── 기쁨의 온도
149 ─── 석모도의 그리움
150 ─── 그리움은 바람이 되어, 기다림은 별빛 속에 숨다
152 ─── 모녀 셀카놀이
153 ─── 손을 잡으면
154 ─── 단풍잎 누운 이 길 위에서
155 ─── 그대는 나의 기적
157 ─── 가슴속 작은 별
159 ─── 화장 따라잡기
161 ─── 햇살의 속삭임
162 ─── 바다의 노래

□ 해설_유한근

리아트리스 꽃대를 켜는 연주 기법　제1부

양파

벗겨 내면 낼수록 네 얼굴은
상앗빛으로 깊게 감춰진 하얀 바다다

바닷가에 펼쳐진 은빛 모래밭처럼
허물어 낼수록 가까이하지 말라고
튕기는 몸짓이 고혹적이다

세상에서 찌들고 더러워진 것들
다 씻어 내고 오란 듯
매운 눈물 쏟게 하는 앙칼진 너

함부로 드러내지 않은 멋진 궁전이 그 속에 있으리
섬섬옥수 가녀린 손으로 입을 가리며
한껏 미소를 머금고 있을 것 같은
벗기면 깊고 백옥 같은 바다가 철썩인다

까볼수록 궁금해서 까보고 싶은 겹겹이
풍성하게 입맛 돋우는 밥상 위 반찬
나도 너를 닮고 싶은
사랑받는 여자가 되고 싶다

어머니의 보청기

어머니!
세상 살다 보니
고달픈 날도 울고 싶은 날도 많았습니다

딸이 질병의 고통 속을 지날 때
병원 좁은 간호 침대에서
쪽잠으로 피곤을 견디며 보살펴 주시던
수많은 날들을 잊을 수가 없습니다
어머니…

그런데 이제 어머니의 귀에서는 매미 소리가 난다지요
벌써 세상 소리 싫어서 귀는
매미와 벗이 됐나 봅니다
시끄러워도 참아 내시는 어머니
그 시끄러운 매미를 쫓아내기 위해 보청기를 맞추던 날
어머니는 사람 소리가 잘 들린다며 환하게 미소 짓던
그날을 생각할 때마다 가슴이 자꾸만 미어집니다

어머니!

이제 말이 통하고 마음이 통하고
어머니 하고 부르면 반갑게 대답하시는 어머니
이렇게 좋은 날에도
가슴이 저며 오고 자꾸만 눈물이 앞을 가리는 이유가
어머니 말씀이 내 안에 살고 있기 때문입니다

어머니는 제게 따스한 요람이며
당신은 나의 모천입니다
어머니가 들려준 말씀 하나하나가
보석처럼 내 귀에 주렁거립니다
어머니가 낀 보청기보다 더 아름다운 말이
제 귀에서는 선녀의 말로 들립니다

어머니! 라는 단어만 들어도
애잔해지고 눈물이 납니다
사랑합니다
어머니!

공중전화

석양이 처마 끝에 걸리면
늘 네가 오기만을 간절히 기다렸어

기다리다 지칠 때쯤이면
백 원짜리 동전을 넣고
앙증맞은 손가락으로 다이얼을 돌렸지

"여보세요…"

멀리서 달려오는 목소리가
귓전을 두드리면
고달픈 하루는 첫서리 녹듯
눈가에 이슬꽃 피워 올리곤 했었지

가끔은 가족의 안부를 물으며
그리움을 지워 내기도 하고
행여 슬픈 소식이라도 듣게 되면
눈물로 위안을 나누기도 했고
참새처럼 재잘거리기라도 했었지

그런데 말이야
그토록 다정했던 우리가
시대가 변한 탓에
멋진 핸드폰과 사귀면서
나와 슬픈 이별을 하고 말았어

너와 헤어진 이후
선홍빛 외투를 걸치고
오늘도 기약 없이
길모퉁이에 애처롭게 서 있는
너!

달빛 속삭임

가을밤은 달빛마저 고요히 내린다
우리 집 마당에 은은하게 스며든다
추석 풍경은 동네에 고즈넉이 내려앉고
따스한 기억은 나의 걸음을 붙잡는다

어머니가 빚은 송편과
할아버지의 구수한 이야기가
달빛 아래 도란거리던
어린 시절이 그리워진다

가족이 다 함께 둘러앉아
겨울 녹이던 아랫목에 밤이 핀다
따뜻하게 서로의 가슴을 엮는 이야기꽃에
달빛도 창가에 귀를 기울인다

풍성하게 한 해를 거둔
들판에도
지붕에 올라앉은
하얀 박도 웃음꽃이 핀다

별도 달도 속삭임을 듣고
속 깊은 곳까지
빛을 내리며
환하게 반짝반짝 창가를 기웃거린다

흑백 사진 속에서만

가을이 걸어와 내 눈가에 맺힙니다
파노라마처럼 펼쳐지는
희미한 그날이 살아나고
먼지 낀 뽀얀 기억 너머엔
빛바랜 아버지의 얼굴이 거기에 서 계십니다

마음속 깊은 계곡으로
흐르는 기억들이 돌 틈에서 부서지고
뼈저린 하늘이 기억을 불러내
그리운 이름을 손 위에 올려놓습니다

어린 시절 어깨 위로 무등을 태우고
아버지가 불러 주던 콧노래가
귓가를 맴돌며
아버지 향기는 심장에서 고동칩니다

흑백 사진 속에서만
만져지는 아버지의 체온
오붓했던 우리 가족 온기였지요

그 겨울 꼭 껴안아 주시던
아버지가 그립습니다

기억 너머에 걸려 있는 흑백 사진
이젠
컬러로 바꿔 드려야지…

안개꽃 향기처럼

차가운 겨울이 등에 오그라들면
해일처럼 밀려오는 그리움이
겨울 바다로 미끄럼을 탄다

하얗게 흩날리는
안개꽃이 어깨에 내려앉고
은은하게 퍼지는 그리움도 썰매를 탄다

부서지는 파도 소리 들으며
하얗게 누운 꽃길을
홀로 걷는 아침

추억 한 소절 가볍게 즈려밟으며
소복소복 쌓인 그대의 발걸음이
안개로 비켜 가며 내게로 안겨 온다

리아트리스 꽃대를 켜는 연주 기법

새벽은 이슬도 눈을 뜨게 한다
이슬이 지면 꽃들도 깨어나
기지개 켜는 아침이다

아침을 여는 현악 사중주
꽃대를 켜는 시위다
가늘고 우아한 활의 기법이
하늘에 울려 퍼진다

여름 담은 풍경도
살포시 열리는 천둥 길도
솜털처럼 보송보송한 선율에 귀를 감는다

길게 뽑은 연보랏빛 꽃무리
처음 본 그 순간
유년 시절도 활을 켠다

활이 휘젓는 선율 속에서
나는
리아트리스 스피카토를 폐부 깊이 삼킨다

세느강변에 노을 내리면

저 물결 위로 붉은 캔버스가 펼쳐진다
아스라한 추억과
산허리에 걸쳐 놓은 그리움이
파리의 고적한 담장 위로 수줍게 눈을 뜬다

내 푸르른 날 배낭여행이
아롱아롱 붉은 물감을 풀고
가을 정원에 새하얀 갈꽃으로 피어난다

이국에 뿌리 내린 플라타너스와
마로니에 이파리 위로
어둠 익힌 고요가
사르르 사르르 밤을 굴러 낸다

가슴속에 다소곳이 자리 잡은
연보랏빛 갈피에
노트에 써 놓은 기억들이 안개처럼 피어난다

우뚝 솟은 에펠탑 아래로 펼쳐지는

세느강변이 금빛으로 젖어들고
윤슬 위로 유유히 흘러가는 추억이 아른거린다

연인들이 속삭이던 퐁네프다리 위에서
강물에 띄우고 있는
이별의 새하얀 포말도 지금은
아름다운 노을로 흘러가고 있겠지

아침 닮은 당신

하늘 아래 펼쳐진 곳에서는
고달프고 외로운 삶도 물길을 내고 흘러간다
어둡고 답답한 한편에 생채기가 나도
이어진 물길은 쉬지 않고 흘러간다

때로는 아침 햇살로
더러는 산들바람으로
물길처럼 쉬지 않는 당신이 있어
가슴 밑바닥까지 따뜻해진다

비발디의 '사계'의 선율로
움츠러든 어깨에 힘을 실은
당신이 있어 행복하다

분분히 날리는 하얀 아카시아 꽃잎에
정갈한 새벽이 내려와 앉고
무지개가 다리를 놓듯
눈부시게 떠오른 아침이 나를 일으켜 세운다

어제보다 더 큰 사랑으로
감동 주는 아침이
이슬 닮은 당신과 함께
끝없이 길을 내고 흘러간다

인생 역전

하늘 한 번 쳐다보고
걸어온 발자국도 세어 보고
가끔은 지난날 내 모습 한 올씩
물레에 올리듯 추슬러 봅니다

때로는 녹록지 않았던 날들
수렁의 늪에서 엄지를 쥐고 일어설 때도
희망의 끈은 늘 손끝에서 속삭였지요
포기하지 말고 힘을 내라고

창가에 무지개 퍼져 오는 먼 훗날
행복의 인생 역전
그건 축복입니다
그것은 온 누리에 퍼지는 사랑입니다

꿈속에서 내가 갖고 싶은
별빛을 만날 테니까
그 파랑새를 만날 테니까

빈 의자

들꽃 향기 그윽한 봄이 오면
의자는 하냥 돌아서 홀로 있어도
나는 두 손 턱에 괴고 앉아
오늘도 너를 기다린다

라일락 향기 코끝에 머물면
나긋한 샹송이
달콤한 노래로 몸을 녹이고
기다리는 시간을 향기로 채워 준다

빈 의자에 노을이 걸릴 때쯤
오늘을 너에게 고백한다
비어 있어도 오는 사람이 있고
홀로 있어도 사랑이 온다고

별무리 지던 그곳에서

산다람쥐 내달리는 초록빛 계절
어둠 속에서도 만져지는 꿈결 속에
별빛 쏟아지는 별무리를 만나고
저 별과 내 별에 이름을 새겼지

남루한 일상을 털어내고
벗들과 함께한
숲속 체험이 초록빛이었다
힐링 찾아 즐긴 여행이 싱그럽다

풀벌레 소리 까맣게 익은
밤그림자 드리우던 산속 마을
그곳이 허리를 마음껏 껴안는다

돗자리 펴고 누워서 올려다본 밤하늘엔
무수한 별무리가
산다람쥐 소식 그리워
모두가 나와 반짝인다

별무리 지던 밤에

풍경 내리는 카페에서

외로움 모락모락 피는
카페 구석진 자리
그리운 사람 향 깊은 추억을
하얀 찻잔에 마주하고
커피 한 모금에 삶의 여백을
마음껏 채우고 싶다

참새처럼 재잘거려도 좋고
햇살 닮은 미소도 정겨워지는
그런 인연이었으면 좋겠다
이런 날엔
상큼하게 넘어가는 커피가
더 향기롭지 않을까?

후드득 떨어지는 빗방울을 만지며
목 넘김이 좋은 커피 한잔 마시는 여유
창가에 흐르는 빗물이
우리의 인연으로 유유히 흘러가기를
입속으로 웅얼거려 본다

추억에 젖고 샹송에 젖고
아메리카노 한 잔의 그리움에 떨고
은은한 조명 하나둘 밝히는
풍경 내리는 카페에서
사랑을 채색하며
잡은 손을 꼭 쥐어 본다

산벚꽃 지는 날

산벚꽃이 진다
지는 꽃잎은 그리움의 모천으로 갈 테고
꿈속에 실려 오는 너의 목소리는
꽃 진 자리에 옹이로 눌러앉는다

하얀 꽃잎들이 흩날리는 날
바람처럼 내 가슴에 안기려고
꽃잎은 기쁜 얼굴로 달려온다

차가운 바람이 불어도
너의 온기를 잊지 못해
우리의 기억은 포근한 그림이 된다

사랑했던 것들은
여기 산벚꽃 아래
그리움 숨기고
낮게 엎드려 있을 테니까

분홍 꽃잎 위로 한마디

어느 날 작은 꽃잎 하나가
내 발끝에 사뿐히 내려앉았어요
분홍빛을 띤 고운 꽃잎이지요
이 꽃잎들은 봄바람에 실려 어디서 왔을까요?

어쩌면 세상의 작은 기쁨들을 전하려
소리 없이 실려 온 행복일지도
몰라요, 바쁜 걸음 사이 고개를 들면
따스한 햇살이 살며시
세상을 감싸 주고 있네요

눈에 보이지 않았던 꽃들이
하나둘 피어나기 시작했어요
꽃잎에 담긴 추억과 꿈들이
속삭여 주는 것 같아요

인생이란 이런 것일까요?
작고 평범한 순간들 속에 숨어 있는
소중한 향기들을 찾아가는 길 아닐까요?

한 걸음 한 걸음이 다 사랑스러운

오늘도 나를 기다려 주는 세상에
감사함을 느끼며 조용히 미소 지어요
꽃잎처럼 가볍게 바람처럼 자유롭게
나의 하루를 흘려보내요

기억 한 장 넘겨보면 　제2부

하얀 들꽃으로 피고 싶다

동구 밖 길섶에 피어 있는
들꽃이 손을 흔든다
바람에 실려 온
가을 이야기를 주절거리며
하늘하늘 먼 들녘 풀꽃 소식을
손에 살며시 쥐어 주며
미소를 그려 준다
그래서일까?
퍼즐 같은 삶 속에
나만의 향기를 피우는
들꽃으로 피어나고 싶다
그대 지나는 길섶에
눈 뜨고 싶은 내 마음의 꽃
물빛 그리움을 노래하며
하얗게 웃는 들꽃이고 싶다

홀로 떠나는 여행

누구나 가끔은 혼자이고 싶은 때가 있다
나만의 시간을 찾아서
낙엽처럼 쌓여 가는 시름들을
편안히 내려놓고 싶은 때가 있다

배낭 하나 둘러메고
혼자만의 블랙홀로 빠져들고 싶은 때가 있다
어디론지 떠나고 싶은 시간 여행 時間旅行을

때로는 한줄기 바람으로
가끔은 고요하게 흐르는 산사의 범종 소리로
호반의 아름다운 호수가 되고 싶을 때가 있다

산수유 열매는
붉게 익어 그 계절의 홍일점이 되지만
시절이 지나면 그뿐
거칠게 휘몰아치는 바람이 지나가면
붉게 떨어져 다음 계절 속에 절여진다

은빛 설원 속에서도
빠알간 열매로 고혹적인 매력을 발산하는 산수유
나도 산수유나무를 닮고 싶다
계절을 이겨내는 강인한 사람이고 싶다
한세상 푸른 나무처럼 살고 싶다
홀로 떠나고 싶은 이유로

기억 한 장 넘겨보면

창가에 이름 모를 바람이
어깨를 기댄다
함께 어울렸던
그대의 목소리도
시간에 기대어
추억 속에 스러진다

기억은 이미
먼 곳을 향하지만
내 곁에 살아 있는 그림들은
고즈넉이
창 너머로 빛나고 있다

긴 밤 홀로 남아
그대를 기다리던 날들
추억 한 장이 넘어간다

내 가슴 깊은 곳에서 반짝이는
너의 이름을

별이 되어 내 곁에
오래 머물기를 추억 갈피에 묻는다

지하철을 기다리며

햇귀를 여는 여명이 내 몸을 더듬어 오면
조건반사적으로 일어나 지하철로 달려간다
반복하는 그 일정이
내 안의 지도로 자리 잡은 지 오래다

하루도 어김없이 달리다가도
때로는 문득
핑크빛 원피스를 입고
너에게 가고 싶은
왜 이런 생각이 나를 옭아맬까?

지나치는 지하철을 보내면서
오늘도 보내지 않는 편지를 쓴다
한 글자씩 쓰는 글줄 위에
애끓는 내 마음 담아
달리는 전동차 미리에 편지를 부친다

너도 나에게 전해 줄 편지를 기다리며…

시절 인연

매화꽃 눈부시던 날
그대 향한 꽃잎들은
낙화로 지고 있네요

함께했던 달콤한 말들이
플라타너스 잎사귀 위로 머물러도
꽃잎에는 안기지 못하네요

하늘 높이 나는 종달새 노래는
푸른 소리로 하늘에 가득한데
시절은 낙화만 분분하고

커피 잔 속에서는
그리움만 일렁일 뿐
우리 시절엔
인연의 노둣돌만 징검거립니다

사랑은 꽃잎으로 흩어지고
노둣돌 건너 달려오는 안달을 움켜쥐고

고추잠자리처럼 날아
꿈결로 내게 사뿐히 오소서.

그리운 날엔 노을빛 내리는
간이역으로 떠나고 싶다

노을빛 내리는 해거름 녘엔
간이역 기찻길에 그리움이 기적을 울린다

기적이 울리면 온다던 사람
노을이 산 그림자를 삼키고
간이역 화롯불도 제몫을 다하고

그 사람은 오지 않았다
기적이 떠나간 자리에
그 사람은 오지 않았다
포장마차 우동 한 그릇에
낭만이 달려올 뿐이다

사랑했던 그대와 한 끼의 다정함도
두 손 꼭 잡고 걷던 그 길이
더 깊었던 맛 기찻길 추억으로
밤하늘에 뿌려 주고 싶다

아스라한 빗방울 전주곡이

나의 작은 창문을 두들기는
그리운 날엔 노을빛이 내리는
간이역으로 떠나고 싶다

하얀 아카시아 향기 따라 흔들리던
남루한 어느 간이역의 빗물 흐르는
기찻길 한 귀퉁이에 애틋한 추억을 아로새기며
기적을 울리며 달린다
그대가 너무도 보고픈 날엔

목이 메도록 달려가고파
몸부림이라도 칠 양으로
더 기적이 운다

가을날의 초대

수채화처럼 흐르는 그 풍경에
내 마음도
낙엽 안에 머물고 싶네

금빛 잎사귀가 춤추며 떨어지는
은행나무 가로수 길
가을로 떠나는 그 여행이 설레네

어디로든 떠나고 싶은
색색으로 물든 풍경에
나를 누이고 싶네

기다림은 꽃무릇으로 피고

알몸의 머리에 얹은 꽃
미리 나와 기다리는 저 연모에서
감춰진 자취를 올려 핀 꽃무릇
먼 길 떠난 여인의 사모가
눈물 한 방울로 피어난
붉은 얼굴일까?

하늘을 바라보며 불러 보네
세월이 흘러도 지워지지 않는
그 기억의 조각들이 꽃으로 피네

서로의 운명처럼
사랑의 입술로
너를 향한 고백이 붉게 물드네

여름빛 추억

포도송이 탐스럽게 그려진 하얀 접시에
먹음직한 과일이 한가득 담겨 왔다

벗이 먹어 보라고 내놓은 과일이
여름 접시 위로 내려앉은 느낌이다

보랏빛 스커트를 차려입고 기다리던
그날이 성큼성큼 내 앞에 서 있다

한 손을 턱에 괴고
과거를 더듬던 머리가 뎅그렁 소리를 낸다

"야! 이 계집애야 정신 차려"

먹을 것 앞에 두고 헛된 생각 버리라는 친구
그 말이 귓전에서 웅웅거린다

별빛 한 줌 이슬 한 줌보다 더
귀한 선물 내 벗

선유 도원의 밤

고요한 선유의 도원
전설은 물결 따라 흐르고
꽃들은 저마다
속삭이며 춤춘다

밤하늘 수놓은 별빛들을 섬기며
고전의 선율이 숲을 감싸 안은
축제의 향연 속에서
깊은 여운이 가슴에 내려앉는다

도원은 그리움의 집이다
잊지 못할 이야기가
밤의 품에 안겨
꿈의 여로로 전설을 꾸며 간다

별빛 따라 홀로

그리움이 깊어
기다림은 길어만 가네
한 줄기 빛처럼 어둠 속에서도
더듬이를 더듬는 너의 목소리

별빛 아래 홀로
너를 부르는 연모의 노래
돌아와 줘 제발

기억은 더러 혼돈으로
흔들릴 때도 있지만
너를 향한 내 노래는
기다림 속에 하얗게 태워진다

한 걸음씩 다가오는 그날을 향해
너의 향기 너의 웃음을
밤마다 별빛 속에 심는다
다시 돌아와 기쁨이 될 때까지

해변에 서면

은모래 반짝이는 백사장
한여름 바닷가는
싱싱한 젊음이 푸르게 출렁인다
보일 듯 말 듯 수줍게 자맥질하는
새하얀 물거품이 눈을 당긴다

모래사장에 소나기가 퍼부어도
잠시 후면 사막
파도가 다가와 모래를 적신다
갈증을 어루만진다

한때는 사랑의 계절로
뜨거웠던 모래밭도
수평선 끝까지 펼쳐진 바다도
파도만 포말을 던지며 뭍을 오르고 있다

뭍은 바다를 그리워할까?
바다도 뭍을 사랑할까?

꽃비 내리면

꽃잎이 흩날리네
향기를 물고 허공을 날아오르네
꽃 피고 새 울던
그날이 바람 속에 우네

차가운 기억들은
내 마음 깊은 곳에 맴도는
멀어져 간 발자국을 따라가네

이 꽃비가 사라지고
나는 무엇을 생각할까?

꽃잎은 지고
어디선가 들려올 환희를
기다린다
꽃비 내리는 날이면

햇살에 그을린 너의 미소

길 잃은 하늬바람 소리에
어릴 적 그 순간이 떠오른다

너와 나는
하늘을 바라보며 말없이 웃었지
순진한 눈빛 하나에
세상 모든 비밀을 나누었지

그 여름은
햇살 속 손끝은 닿지 않지만
마음은 이미
서로를 잡고 있었지

그리운 건 그 시절 그 손끝
피안에 피어난 작은 꽃잎들
나는 여전히 여름처럼 뜨겁다

그 시절 우리는
천진한 미소가 전부였어

그래서 너를 잊으려 해도
해마다 여름이 다시 와서
잊을 수 없어

어느 날 문득 위로 받고 싶은 날에는

가슴에서 응어리진 고백이
물밀듯이 달려오는 날엔
빗속을 걸어 보라
딛는 자국마다 스며든 빗물이
푸르게 멍든 슬픔도 씻어 낼 테니

눈망울에 흐르는 빗줄기 속에
후드득 떨어지는 아픔들
차가운 별리도 다시
돌아올 날을 기다리며
존재의 기억을 더듬는다

어느 날 문득
지는 꽃잎처럼 외로움이 살갗을 파고들면
지그시 두 눈 감고
마음 감춘 다락방 덧문을 열어 보라!

살아온 헌것들이 기쁘게 맞아 줄 것 같은
아련한 추억과

하늘빛 모아 꿈을 채색했던
보잘것없는 기록들이 고즈넉이 맞을 것이다

상념에 잠긴 마음 비워 내고
서사의 길을 펼쳐 보라!
허허로운 속내 녹여 줄
호연지기라도 만날는지 몰라

위로 받고 싶은 날에는
황금빛 내리는 노을 강변을 걸어라
혹은 꽃바다로 가지 않으련?

제3부 핑크뮬리의 꿈

길을 묻다

흔들리는 눈동자가
발끝에 닿는다

차가운 흙으로 엎드러 있는
잃어버린 꿈들

빛 잃은 그 목소리가 묻는다

"너는 어디에 있니?"

벼랑 끝에서
내 안에 묻어 둔 작은 빛을 꺼내 보며

어둠에서 길을 잃었던
독백이 걸어간다

독백에게 나는
길을 묻는다

이 길 끝에서 기다리고 있는
나의 길을

핑크뮬리의 꿈

핑크뮬리의 바람 속에서
소녀의 눈은 햇살처럼 따스하다
길게 펼쳐진 풀밭 그 끝에
눈부신 색깔이 춤을 춘다

하늘과 땅이 한 겹으로 물들고
소녀의 마음은 그 안에 잠든다
섬세하게 부서지는 가느다란 바람
그 위로 흩어지는 순간들…

어린 시절 눈물 속에 담긴 꿈들이
마치 저 꽃처럼 흐드러지며
피어나는 것 같다 핑크빛의 물결 속에서
조용히 숨을 쉬는 듯한 기분…

손끝에 닿을 듯 말 듯…
그 풍경 속을 걸어가면
세상 모든 것이 빛나는 이유를
알게 될지도 모르겠다…

오래된 기억들이
이 꽃에 스며드는 것을
그녀는 알고 있을까?
핑크뮬리처럼 고요히
자연의 품에 안겨
그저 바라보고 싶다…

세상 끝자락에 물든 저 색이
언젠가는 그녀의 이름을
불러 줄 것만 같다…

팬데믹 속에서 피어난

어둠 속에서 빛을 찾는다

차가운 벽을 맞대고
고요를 밟던
숨죽인 시간을 쓴다

새벽의 첫 자국
아침이 눈을 뜨듯
하루를 쓴다

끝나지 않을 것 같던
마음의 벽을 하나씩 허물며
한 달을 쓰고 또 몇 년을 더 썼다

어두운 터널 끝에서
우리를 기다리고 있는
이 땅 위 희망을

아침의 소망

하늘은 눈부신 말을 속삭인다

푸른 들판과 작은 꽃들이 숨쉬는
그곳의 속삭임을 듣는다

길손의 발걸음은 가볍고
먹구름도 지나간 숨터

하늘도 땅도 사람도
같이 숨 쉬며 함께 일어서는 아침

고요한 기쁨이
우리의 꿈으로 안겨 온다

옷을 갈아입으며

너의 숨결이
고운 살결을 지나
계절의 끝자락을 입는다

차가운 입김을 덧입혀
손끝으로 닿을 듯
피부를 덮는다

피부를 지나면
나의 그림자만 자라나
너의 이름을 부른다

너와 나 사이
깊은 곳에 스며 있는 언어들
갈아입은 옷감 위로
깊은 숨결이 젖어 온다

여백의 끝에서

계절의 속삭임이 귓가에 맴돈다
밤은 차갑고
내 마음은 그늘에 가려
절기를 스쳐 지나간다

손끝에 닿을 듯 여백을 헤매며
애달픈 발길을 재촉한다
그려지는 곳까지

끝내 오지 않는 그림자를 찾아
빛은 한 줄기
묻고 또 묻는다

지나간 시간 속에서도
공허를 꿰려는 묵주만
홀로 굴리고 있다

화담숲에서

나뭇잎 사이로 스며드는
빛의 속삭임이 있다

꽃들이 눈을 감은
그곳엔 숨겨진 비밀들이 있다

차가운 돌계단을 구르는
그대 목소리가 아른거린다

잃어버린 시간들도
물안개 속에 흩어져 낙화하고
기억의 숲은 거기에 있다

살며시 날리는
한 송이 꽃잎
화담숲이 그 자리에 웅크리고 있다

잃어버린 시간

계절이 지나가는 길목에
나무들이 고개를 떨구고
생경한 흔들림이 발길을 묶는다

색깔을 잃은 잎들이 바람에 진다
<u>으스스 으스스</u>
잃어버린 시간을 덧붙이고 있다

차갑게 흐르는 바람으로
나를 붙잡지만
시간은 어느새 빛처럼 흘러간다

다시 올 수 없는 그 길로

구상 시인 길을 걸으며

하늘이 깊고 푸르러
구상 시인의 길 위에
그의 시 향기가 흐른다
가을바람에 실려 오는
잊지 못할 기억들로

옛 목소리 밤하늘의
별처럼 그분의 존재를
느끼게 한다 아! 사랑과 슬픔의 조화
추모의 향기가 짙다

시의 언어로 세상을 채워 새겨진
그 길을 걸으며 나는
시의 향기를 읊조린다

함께 숨 쉬는 구상 시인
영원의 뿌리로 우리의 마음속에 살아 있어
그의 참사랑을 섬겨 본다

저녁노을 밟으며

노을 내려앉은 갈대숲에
바람이 운다
흔들리며 시간의 끝자락을 잡고
갈대가 운다

물결 위로 붉게 누운 노을이
마지막 숨을 내쉴 때
나는 조용히 눈을 감고
그 너머 세계에 귀를 기울여 본다

오래된 이야기를 풀어 놓듯
갈대가 울음을 닦고
새들이 나는
고요한 기억만 뿌리엔 쌓인다

소리마저 녹아드는
갈대숲
어둠이 길게 드리워지면
별빛 내리는 쪽에 작은 위로가 있다

눈꽃의 노래

하얀 별빛이 내려앉은 밤
흩날리는 눈꽃처럼
마음속에 너의 이름이 쌓여 가네
크리스마스의 노래는
조용히 울려 퍼지고
차가운 공기 속에서 따스한
너와 나만의 시간이 피어나

불빛이 반짝이는 거리
그 안에서 우린 미소를 나누며
어린아이처럼 설렘을 품고
손끝에서 전해지는 따스함을 느껴
겨울의 공기는 맑고 깨끗해
너와 함께라면 어떤 추위도
두렵지 않다는 걸 알게 돼

사랑은 이렇게
차가운 계절 속에서 자라나는 꽃
눈꽃처럼 고운

그리움이 스며든 하루
너와 나 함께인 이 순간이
영원처럼 빛날 수 있기를
크리스마스의 별들이
우리 마음속에 영원히 빛나도록

풀잎 속삭이는 길목

바람결에 서걱이는
갈대 소리
그 소리

마디에 숨결 실어
시샘도 잊은 채
금빛으로 흔들린다

풀잎 속삭이는 길목을 지나
꿈결처럼 흐르는
시간도 멀미를 한다

산자락에 휘어진
길 끝까지
억새는 일렁이며 꿈을 꾼다

순간이
선율로 누비는 길목에서
하늘을 섬기는 갈대가 운다

하루가 비에 젖을 때

우산이 걸어간다
빗줄기가 우산을 튕기며 구르고
떨어지는 빗물에 당신의 하루가 젖는다

당신의 하늘을 덮고 싶어
마음속 우산을 편다

세상이 춥고 외로울 때
힘든 길 위에서도 내게 기대라고
말없이 다가가 우산을 편다

어두운 밤을 함께 걷는
도반의 동행
우산처럼 지켜 주는
바람이 되고 싶다

사랑의 세레나데

푸른 하늘에 손을 내밀면
봄빛 속에 숨겨진 속삭임이 실려 온다

하얀 꽃잎 한 장에 눈길을 묻고
손을 맞잡아 마음 나누던
함께 그린 세상을 그려 본다

사랑은 설렘으로 가득한 항아리다
마음속 깊이 넣어 둔
곰삭은 진실의 눈동자다

두 손 맞잡고
창가에서 부르던
세레나데가 봄물결에 리듬을 탄다

변치 않을 사랑의 꽃으로

아카시아 꽃길을 걸으며

밤이 지나는 하늘에
별빛들은 이슬을 머금고
살며시 아카시아 꽃잎으로 스며든다

그대가 내민 손아귀에
웅숭깊은 숨결을 쥐어 보며
불타올랐던 여름을 접는다

꽃들이 속삭이는 고요 속에
"이 순간을 놓치지 말아요"
귓가에 맴도는 그 말

그대는 내게
나는 그대에게
별빛 입고 오는 새벽이 된다

아카시아 향기 그윽한 기슭에
마지막 꽃잎이 떨어지는 날
별도 지고 이슬도 진다

우리가 걸어온 자국마다
유장한 은하가 흐른다

제4부

마지막 순간에 대하여

소백산을 오르며

산이 가쁜 숨을 토한다
홀로 별빛 벗 삼아
오르는 소백산 숨소리다

그러나 오르지 않은
산은 잠든 듯
깊고 고요하다

발자국이 오르면
나무들이 숨 쉬고
숲이 숨 쉬고
산도 숨을 쉰다

여명의 첫 빛이 산맥을 물들일 때
소백산은
그 빛을 품고 다시 일어난다

설렘 담은 이 산에서
걸음은 더 가벼워지고

새벽은 나를 다시
산을 오르게 한다

마지막 순간에 대하여

불빛이 도시를 덮쳤다
온통 별바다 같다
서서히 걸어온 길에서는
무수한 날들이 나를 스쳐 가고
그 안에서 내가 살아왔음을 깨닫는다

사라진 계절의 잎새처럼
다시 오지 않는 흘러간 시간을
손바닥 위에 올려놓고 길을 찾는다
지나온 길에 담긴 잃어버린 것들
껍데기를 안아 본다

그저 아쉬움뿐이다
한해의 끝에서
내일을 맞이할 준비를 한다

새로운 시작을 꿈꾸며
오늘은
그 모든 순간을
도시의 불빛 속에 수놓아 본다

트레비 분수를 바라보며

로마의 밤
트레비 분수는
별빛을 삼킨 듯 은은하다
차가운 돌 위로
속삭이듯 흘러내린다
동전 던지는 손끝에서
소원 담은 독백이 목을 멘다

금빛 물방울이 춤추고
기도가 하늘에 닿을 때
분수는 순간을 멈추고 응답한다
뜨겁게 얽힌 사랑의 언어로
심장은 하나가 되라

트레비 분수가 속삭인다
흔들리지 말고
사랑도 그렇게 흐르라고
로마의 밤이 깊도록
분수처럼 흐르라고

고요의 여왕 앞에서
― 베르사유 궁전에서

한 시대의 숨결이 잠든 곳
베르사유의 궁전
황금빛 햇살이 창문을 두드리고
그녀의 그림자는 벽을 타고 오른다

마리 앙투와네트
여린 손끝에서 떨어지는 진주처럼
그의 고백은 영롱하다
먼 우주의 파동을 심듯 그녀는
시대를 건너 홀로 서 있다

시간을 가둔 입술 위로
빛바랜 자수가 낡은 이름으로 삭아지고
궁전의 정원도
그녀의 발자취를 쥐고 역사를 건너고 있다

수백 년이 지난 지금
그녀의 눈빛은
고요 속 궁전 풍경에 담겨 있다

멸망이 다가올지라도 그녀는
그 안에서 꿈꾸고 있을지도 몰라

박제된 그녀의 미소 속에는
역사의 깊은 물결이 숨쉬고
그의 존재는
베르사유의 푸른 하늘에
영명하게 심어져 있다

풀꽃 연가

나지막이 키를 낮춘 풀꽃이
별빛 머금고
허리를 흔든다

길손에게
여린 미소로 반기는
저 오붓한 마음씨

사람이 그리웠던 게지
하늘에 띄우는
색색으로 물든 이야기가 리듬을 탄다

무심코 찾아온
풀밭에 사는 작은 벌레들처럼
풀꽃은 그 흔적을 밟고 일어난다

꽃잎 하나
그리움 하나
더 선명하게 찍어 내면

꽃잎 떠난 길목에
작은 대궁 하나 밀어 올리고
달려오는 바람결에 몸을 맡긴다

이 길 위에는

저 길 끝에 너를 두고 떠나네
소리 없이
바람 속 먼지처럼 떠나네

발자국만 옛날로 흘러가고
그 길은
바람으로 가득하네

한 아름 구름으로 떠다니는
그 기억이
바람 속에 묻혀 길이 되네

이 길 위에서
불러 보네
너를 향해 걸어가는 당나귀처럼

화담숲, 그윽한 차 한 잔

가을바람이 속삭이는 숲속에서
차 한 잔 마음을 씻는다
따스한 찻물 손끝에 닿을 때
세상의 번잡함이 멀어져 간다

붉은 단풍이 창가를 물들이고
차 향기 공기 속에 스며들며
마음속 잃어버린 평화를 찾아
한 모금 세상과 연결된다

화담숲의 고요함 속에
차 한 잔 조용히 나눈 대화
서로의 온기를 느끼며
하나된 마음으로 우린 쉰다

차를 마시며 차분해지는 순간
소녀의 마음은 꽃처럼 피어나
이 아름다운 순간을 안고
행복의 빛 속에서 다시 살아간다

지금 이 순간

다람쥐는 쳇바퀴를 돌리며 하루를 보내고
밤과 낮은
하루를 돌며 흘러간다

작은 발걸음이 그려 논 원
무한히 돌고
또 돌고

세상은 잠시
숨을 고르고

"너는 지금 이 순간을 잊지 마라"

이 말로 유리된 시간을
뇌리에 심는다

불완전한 날들과
완전한 평화
나는 그 여백에 홀로 있다

비어 있음에
새롭게 피어날 수 있는
진정한 나를 찾아간다

정동진 겨울 바다

눈발 산란하는 정동진
겨울 바다가 자맥질한다

눈을 밟으며
서로의 온기를 나누며
겨울을 풀어낸다

마음이 하얗다
눈 때문이다

고독했던 바다
하얀 눈송이가 몸을 던진다

가도 가도 설원일 것 같은
겨울 바다가 울렁거린다

하얀 시간이 지나간다
순수하고 깨끗한 순결의 시간이

정동진에서는
바다가 백설을 이고
겨울 맛을 철썩거린다

고요의 찰나에

시간은 유리알이다
눈을 떼면 사라지는
아니 구르고 굴러도 투명한
그 속에서
찰나를 잡는다

아쉬움이 남겨진 자리
텅 빈 공허가 맑다
지나간 계절의 색깔들이
더욱 선명해진다

끝과 시작이 만나는
그 경계에
내가 서 있다
투명하거나 맑은
그 시간에게 고요를 묻는다

"이제 무엇을 기다려야 할까?"

이 순간이 지나면
그 모든 것이 이미
지나갔음을
고요 넘어 순결이 전율해 온다.

사랑이란

사랑은 눈물 속에서 빛을 찾는 일
어둠 속에서 작은 불꽃을 피우는 일
서로의 마음을 나누는 일이다

미로 같은 마음의 문을 열고
그 안에 숨겨진
모든 상처를 껴안는 일
서로의 결점을 품고
더 큰 아름다움을 발견하는 일이다

사랑은 바람처럼 다가와
조용히 가슴을 스치며 길을 내는 일
때로는 무겁고 아픈 상처를 남기는 일
그러나
결국은 치유로 돌아오는 일이다

사랑은 끝내 변치 않는 진리
서로에게 나를 모두 내어 주는 일
끝내는 비로소 완성되는 일이다

너의 눈빛 안에

너는 언제나 내게
말없이 다가오는 그리움이다
푸른 그림자 속에
내 마음을 안고 있는 너를 본다

너의 가지 끝에 내 이름은
입술을 깨물고
숨을 참는다

너의 푸른 잎은
하늘 닮은 너의 눈빛처럼
그리움이 자라나는 곳

소나무야 너의 눈빛 안에서
바람 몰고 내려가
다시 돌아올 기운을 북돋워 다오

그리움 그려 논 아슬한 곳에서

행복 멜로디

햇살 춤추는 나뭇잎이 몸을 푼다
단지 음표를 찾고 싶어
가지에 내려앉은 빛줄기를 껴안고
흥겨운 리듬을 그려 넣는다

웃음 담긴 눈빛
손끝에 느껴지는 온기
이런 것이 행복일까?

마음들이 주렁거리며 꿈을 꾼다
행복은 멀리 있는 것이 아니라고

우리 안에
지금 이 순간에
그저 마음 열면 찾아오는
랩소디처럼

때론 비 내리는 창밖을 보며
혹은 잠시 생각에 잠겨

행복을 기다리는 음률을 따라
무당 춤을 춘다

노오란 단풍잎 흩날리는 거리에서

노오란 단풍잎이 바람에 흩날리며
고요히 쌓이는 늦가을의 길목
세상 모든 소음이 잠든 그때
우리 두 사람 한 걸음씩 걸어가네

흐르는 시간을 붙잡아
서로의 어깨에 기대어
슬픔도 기쁨도 나누며
그대와 함께 늙어 가고 싶어

불어오는 차가운 바람 속에서도
내 손을 따스히 감싸 주는 그대
여기, 이 순간에 영원을 묻고
가슴속 깊이 사랑을 새기네

단풍이 지고 겨울이 온다 해도
우린 서로 의지하며
그 어떤 이별도 두렵지 않으리
사랑으로 빛나는 이 길을 따라

내일은 더 아름다울 거라고 | 제5부

위로의 순간

시련이 다가오면 별빛이
흔들린다 마음속 깊은 곳에서 떠오르는
위로하는 법을 읽는다

나는 잠시 기억을 멈추고
별들에게 묻는다

"내가 지나갈 수 있을까?"

그 물음에 대답이 없다
무겁고 어지러운 상상들
내 마음의 작은 빛이 어둠 비추는 길을 낸다

"너는 혼자가 아니야
우리는 항상 너와 함께 있어"

등을 다독이며 속삭인다
위로란 구멍 난 가슴을 닫는 일이어서
손을 맞잡고 나는
별빛 속으로 떠나기로 했다

해맞이

새해 첫날,
떠오르는 해는 웅혼하다
찬란한 기운을 입고
깊은 바다에서 솟기 때문이다

어둠을 살라먹고
온 누리 밝히는 저 불덩이가 솟아
새벽이 붉다

오늘이 열리는
장엄한 의식이다
떠오르는 태양을 보라

내일 향해 떠오르는
밝은 빛 그것은
새해를 맞는 경건의 불이다

끝과 시작의 하루

세상이 잠에서 깨어난다
얼어붙은 대지 위로
떠오르는 태양이 눈을 켠다
하늘을 붉게 물들이며
빛을 풀어놓는다

어둠에서 숨죽였던 바람이
가볍게 일어나 달리고
과거의 끝은 이미 지워졌다
두려운가?
흐릿한 그림자 속에서
새 길을 찾아가는 빛이
무서운가?

불확실한 미래도
도전의 바람도
강한 결심과 새로운 각오를 품으면
이제는 더 이상
두려움도 무서움도 아니다

새로운 길을 향해 첫발을 내딛는다
꿈을 꾸지 않은 자
결단을 내리지 않은 자는
어두운 땅을 떠도는 그림자일 뿐
내일을 밀고 가는 이들에겐
거대한 역사를 이뤄 가는 수레다

내 안의 불씨를 태워
세상을 비추리라
고난이 다가와도
길이 막혀도
내 안의 태양은 결코
꺼지지 않으리니

새벽 서기

새벽은 소리 없이 온다
숨죽인 것들의 요람을 비켜
이슬 위로 온다

바람에 묻은 죽지를 풀고
두려움 없는 길을 간다
가슴속의 불꽃은 더욱 뜨겁고
새벽의 여백은 언제나 차갑다

작은 걸음으로
거대한 역사를 만드는 믿음을 품고
나는 미래로 나아간다

오늘, 내 안에는
서기로 채워진다
어둡고, 고난이 길을 막아도
새벽은 오리니

나는

끝없는 기쁨으로
새로운 여정을 떠난다
나는 거침없다

별빛의 기도

어둠 가르고 달려오는 별들에게
가슴에 꼭꼭 묻어 둔 편지를 쓴다
슬프거나
외롭거나
아픈 이들에게
함초롬한 별빛으로 위로해 달라고

별이 숨던 언덕을 비켜
왁자지껄했던 이태원 골목은
아이들 웃음이 사라지고
옛것들이 사라지고
사라진 자리마다
꽃이 피고
계절이 피고
비에 젖은 꽃잎이 아리다

그러나 이제
그들은 바람처럼 떠나갔다
한 줄기 바람이 되어

별빛 속으로 떠나갔다
창문 너머로
다시 올 봄을 기다리며
별들이 기도한다
내가 쓴 편지가
돌아오는 길을 밝혀 달라고

설날 아침

함박눈이 소복이 쌓였다
소복소복 소리 없이 쌓였다
들도 산도 지붕 위에도
따스한 숨결까지 하얗게 덮었다

하늘 속 깊은 곳에서 내려온
새해 첫날 서설이다
어릴 적 차갑고 상큼한 얼굴이다

정겨운 말들이
새벽의 차가운 입김을 녹이며
눈 속을 헤치며 다가온다

어머니 손끝에서 맛을 낸
떡국 한 그릇과
할머니의 웃음소리에 가슴이 녹는다

온 가족이 모여 정담 나누는
새해를 축복하듯

눈이 온다

세상의 모든 아픔도
하얀 백설로 덮으려는 순수다
함께하는 시간 속으로 설국의 아침이
마당 깊이 스며 온다

내일은 더 아름다울 거라고

달빛이 창문 너머로 얼굴을 내민다
그 그림자는 날개처럼 가볍고
때론 얼음처럼 차가워서
나는 눈을 감고 부르르 떤다

느낌을 잃어버린 순간들
기억 속에 올려놓으려 하지만
날개를 펴고 날아가고 없다

부서진 유리 조각이
오늘은 그것을 안고
조용히 속삭인다

'내일은 더 아름다울 거라고'

조각마다 담긴 시간
더 아름다운 것들 위해
소중한 내일이 내게 올 거라고
마음 다잡고 하루를 읽어 낸다

겨울빛의 여운

하얀 겨울빛이 창가에 스며들며
마지막 순간이 다가온다
한 해의 끝자락
나는 서서히 잃어 가는 시간을 바라본다

사라진 것들은 차가운 바람 속에 흩어지고
내 마음은 그 빈자리를 따라 흐른다
미처 다 채우지 못한 꿈들이
깊은 밤에 꿈결처럼 떠오른다

올해의 길은 결국 끝을 향해 가고
그 끝에서 나는 한숨을 쉰다
아쉬움은 이마에 내린 서리처럼
조용히 내게 닿는다

하지만 그 아쉬움 속에서도
희미하게 빛나는 것은
또 다른 시작을 위한 준비가 되어 있다는 사실
이 끝에 숨어 있는 새 날을

나는 감히 기다려 본다

모든 것이 지나간 후에
남은 건 그리움과 기억뿐이라 해도
그 속에 여전히 아름다운 순간들이 있다
끝을 마주하며
나는 한 걸음 더 나아간다
겨울빛 속에 녹아드는 나를
그저 고요히 받아들인다

겨울 바다에서

떠돌이 바람이 얼굴을 핥고 달아난다
하얗게 이빨을 드러내고 달려오는
거친 파도도
뭍으로 부서지며 내 앞에 엎드린다

억겁을 밀려왔다 쓸려가는
저 구애의 결말은 보이지 않는다

어부의 꿈이 도사린
바다의 깊이를 헤아리면
어둠은 등대를 향해 폭을 좁히고
심해가 주절거리는 말들을
닻 내린 항구에 널어놓는다

어떤 이유로
또 다른 이유로
다시 내게 다가오는 기류

차가운 수평선을 물고

밤을 밀어낸 물러서지 않는 너울이
찬란한 아침 열어 가고 있다

정월에

밤하늘엔 보름달이 휘영청 떠 있다
정월 대보름
그 풍경 속에서
우리들 마음도 함께 둥글게 떠오른다

오곡밥에 담긴 한 해의 소망
쌀알 하나에 기원과
수수쌀 하나에 꿈을 담고
찹쌀과 콩, 조, 기장이 어울려
구수하고 따뜻한 명절을 기억하게 한다

도, 개, 걸, 윷, 모,
윷놀이 한판에 웃음소리 하늘 높고
쥐불놀이가 밤을 수놓는다
깡통이 윙윙 동그라미 그리는 불꽃
그 불빛 속에 우리가 쌓은
기억들이 돌아간다

부럼을 깨물며 나누는

한 해 건강과 평안을 비는 소리
동산에 뜬 보름달이
흐뭇한 얼굴로 온 동네가 환하다

꽃샘추위

움츠린 봄이 고개를 묻고 숨을 죽인다
겨울 입김 때문일까?
아니면 아직 절기가 이른 탓일까?
봄의 숨결을 숨기고
꽃잎도 얼굴을 감싸 안은 때 이른 마디다

"너무 일찍 다가오지 말아요"

떨리는 목소리로 속삭이며
살얼음을 머리에 인 채
시샘의 추위를 견디고 있다

기다리는 시간이 차갑고 외로워도
손 호호 불며
온기를 살려내는 꽃잎들
한 발짝 더 다가가
서릿발을 녹이고 있다

잔설 가지에 엄동을 얹고

봄을 시샘하는 길목에서
오는 봄을 막아선다
겨울 가고 봄 오는 사이에서
여린 꽃들을 떨게 한다

그리움이란

봄의 입술이 닿기 전
부르는 이름이다
꽃봉오리 꺾는 욕망의 덫이다
서로에게 다가가려는 몸짓으로
별을 헤는 기다림이다

눈부신 햇살이 머릿결을 쓰다듬고
연모를 꿈꾸는 애달픔의 서정이다

이름을 부르면
꽃으로 피는 봄이고
견우와 직녀가 만나려는
오작교를 건너는 일이다

은하수를 건너
미리 가슴으로 불러 보는
불면의 올가미다
마음까지 녹아내린 봄바람이다

이팝꽃

하얀 쌀꽃이 피었다
아버지가 농사짓던
벼농사가 나무에서 자라서 핀 쌀꽃이다

영원한 사랑이 꽃말인 꽃
이팝꽃이 피면
아버지가 생각난다

나무 아래 숨어 속삭이던 연인들이
순수를 고백하던 이팝나무
하얀 꽃잎이 눈물처럼 떨어진다

이팝꽃이 피면
어머니가 앞치마에 훔치던
젖은 손이 생각난다

바다보다 깊고
하늘보다 더 넓은 사랑의 원조
어머니의 굽은 손이 생각난다

아린 마음 하얗게 흩날리는
이팝꽃이 심장에 내려앉는다

순백으로 안기는

하얀 꽃잎이 흩어진다
바람 속에 숨겨 둔 밀어 때문일까?
꽃잎마다 순결이 팔랑거린다

눈부신 몸매로 춤추는 작은 꽃잎들
낙화하는 고백에
입술은 파르라니 떨고
떼 지어 몸을 던지는 꽃잎이 하얗다

그 이름은 순수였다
사랑의 본질을 간직한 채
낙화의 길을 선택한 아카시아꽃

순백으로 가는 길은 모질다
그래서 아카시아 나무 표피에는
뽀족한 가시가 돋아 있다

두물머리의 사랑

두물머리 그 강가에
빛이 내려앉을 때
그대의 눈동자처럼
세상은 고요해집니다

흐르는 물처럼
서로를 스쳐 가는 삶 속에서
나의 사랑은 그대의 손끝에서
영원을 약속합니다

두물머리의 하늘은
우리의 발자국을 기억하리라
사랑의 이름으로
흐르는 물결 속에
그대와 나
하나가 되어
새벽을 맞이합니다

아름다움은 여기

두물머리에서 피어나는
순수한 마음속에
영원히 새겨집니다

제6부

그리움은 바람이 되어, 기다림은 별빛 속에 숨다

담쟁이

하늘 향한 꿈이 벽을 오른다
한번 오르면
쉬지 않는 끈기

푸른 손들이 뻗어 가는 길
그 길에는
작은 소망들이 줄을 잇는다

작은 잎들이
손에 손을 잡고
기어오르는 저 용기

그 얼굴에는 뜨거운 태양도
쏟아붓는 폭우도 이겨 내는
강인함이 힘줄로 굵어 있다

여름이 지나고 가을로 가는 길목에는
닿고 싶은 손들이
붉은 힘줄로 벽을 움켜쥔다

그리고 기다리고 또 기다린다
다시 힘을 낼
푸른 계절을

창가의 소녀

비 내리는 창가에
아침이 맺혀 있다

다소곳이 앉은 작은 소녀가
아침을 쥐고 꿈을 꾼다

소녀의 눈동자에
물방울이 춤을 춘다

창에 흐르는 빗줄기도
춤을 춘다

한 줄로 추다가
갈래를 나눠 춤을 춘다

소녀가 웃는다
별처럼 아득한 노래를 부른다

졸졸 흘러가는 저 물길이
소녀의 아침을 깃고 있다

우체국 앞에서

꿈속에서 편지를 썼다
가슴에 품은 이름에게
풀꽃 향기 가득 담아 쓴 편지다

그대에게 보내는
하얀 편지를 부치려고
십 리 길 우체국을 갔다

소녀의 눈빛처럼 맑은
앙증맞은 빨간 우체통에
편지를 넣었다

'잘 가겠지'

마음속엔 시류를 거슬러
빨리 가기를 기대하면서
빗길을 걸어갔다.

우두커니 서 있는 우체국 건물이

후드득 떨어지는 빗방울들을 안고
외로움을 씻고 있었다

비 오는 풍경과
낙수로 떨어지는 빗물이
내 마음을 싣고
우체국을 떠나고 있었다

기쁨의 온도

새벽 숨결이
내 안을 가득 채운다

한 조각 햇살도
나를 감싸 안고 스며들고

그 속에서
삶의 색을 입혀 간다

마치 겨울의 끝자락이나
눈부신 봄의 시작처럼

기쁨의 온도가
거칠 것 없이 하루를 담아낸다

석모도의 그리움

섬의 바람 속에 흩어지는 그리움
그대의 이름을 부르면 먼 하늘이 울고
바다의 물결마다 그리움이 묻어
눈물로 빛나는 별빛을 삼켜 버린다

순백의 꽃처럼 순수한 그 사랑
그대의 그림자만큼 깊은 맹세
비바람 속에도 변치 않으리라
석모도의 달빛이 증인 되어

밤하늘을 수놓은 구름처럼
이 마음은 바다 너머로 날아가고
그리움의 끝자락에서 만날 날을
기다리며 영원을 꿈꾼다

천천히 흘러가는 시간 속에서
그대의 사랑은 꽃처럼 피어
흐르는 강물처럼 묵묵히 다가와
내 영혼을 채운다

그리움은 바람이 되어,
기다림은 별빛 속에 숨다

그리움은 바람이 되어
밤의 끝자락을 스치며
별빛 속으로 스며드는
그대의 숨결처럼 흐른다

시간이 지나도
너의 모습은 흐릿한 그림자
내 안에 고요히 남아
그리움은 아프게 그러나 끝없이
내 가슴을 감싼다

바람은 지나간 자리에서
너의 온기를 잃지 않으며
내 머리칼을 스치며
그리움은 한 줄기 바람처럼
조용히 그러나 끊임없이
내 속을 흔든다

기다림은 별빛 속에 숨어

밤은 길어지고
그대의 이름을 부를 때마다
별들은 고요히 빛을 내며
내 곁에 머문다

내 마음속 시간은 멈추고,
별빛 속에 숨은 기다림은
조용히 그러나 확실히
내 안에서 자라난다
그리움은 바람이 되어
너에게로 가고
기다림은 별빛 속에서
너를 기다린다

어느 날 그대가 내게 돌아올 때
내 안의 바람은 고요히 멈추고
별빛은 다시
그리움의 빛을 내며
너를 맞이할 것이다

모녀 셀카놀이

딸아,
햇살 아래 반짝이는
네 웃음소리에
어미는 비단을 짜고 있단다

네가 그림자처럼 찍은
셀카 속 미소에
어미는 별을 딴 기분으로 산다

언제까지나
너의 작은 손을 잡고
등불이 되고 싶다 딸아,

네가 세상에서 가장 멋진 사람을 만나
사랑으로 행복하길
어미는 백발 되도록 기도해
딸아,

손을 잡으면

우리가 함께라면
세상의 끝마저도 두렵지 않아요

운명의 바람이 세차게 불고
시련의 파도가 몰아쳐도
손을 맞잡으면 이겨 낼 수 있어요

서로의 눈빛 속에 반짝이는
믿음을 굳건히 묶으면
어떤 고통도 넘을 수 있기 때문이어요

세월은 흐르고
세상은 변해도
변치 않는 우정은
시들지 않는 꽃처럼 향기가 넘쳐요

두 손 맞잡고
서로의 눈망울 마주 보면
믿음의 나무가 무럭무럭 자라나요

단풍잎 누운 이 길 위에서

곱게 짙어 가는 가을 길목에
숨죽인 길이
노랗게 물들었어요

은행잎이 쇠잔해서
땅으로 내려왔다고 해요
더럽혀진 길을 덮는다고도 해요

노쇠한 계절을
찬바람에 실려 보내며
이 길 위에 쓰인 여름을 들춰 봅니다

겨울 문턱에서
풍요를 누렸던 푸른 열기가
코끝을 파고들어요

단풍잎 노랗게 누운 이 길 위에는
앙상한 가지만 윙윙
휘파람을 불고 있어요

그대는 나의 기적

내 마음의 속삭임을 들을 줄 아는 사람
그대는 내 아픔을 함께 품고
내 기쁨을 두 배로 만들어 주는 사람

내가 무너져 내릴 때,
그대는 따뜻한 눈빛으로 내 상처를 감싸 주고
내가 부서진 날엔,
그대의 손길이 내 영혼을 다시 일으킨다

그대가 웃을 때 나도 웃음 속에 녹아들고
내 울음은 그대 품에 스며들어
서로의 감정을 조용히 들으며
서로를 위한 세상의 작은 기적이 되어 간다

내 마음의 숨결을 닫지 않고
그대의 소리만을 들을 수 있도록
내가 흔들릴 때마다
그대는 나를 지키는 바람이 되어

내가 슬플 때 화가 날 때
그대는 아무 말 없이 내 손을 잡고
고요히 나의 세상이 되어 준다

사랑은 그저 말로 표현할 수 없는 것
서로의 마음이 하나 되어
흔들림 없는 기초가 되어 가는 것

그러니 그대여
나의 모든 불안을 따뜻하게 안아 주고
내가 무엇을 원할 때는
그 마음을 깊이 이해해 줘
그대의 맑은 눈빛으로

그대만 있으면
내가 또 울어도, 내가 아파도
나는 여전히 행복할 수 있으니까

가슴속 작은 별

가슴속에 작은 별이 하나
빛을 잃지 않으려 춤을 춥니다
밤의 깊은 어둠 속에서도
그 별은 고요한 속삭임으로
은은히 나를 부르고 있습니다

하늘의 무수한 별들 중
내 마음의 별은 유일하게
그 고요함 속에 삶의 길을 비추니
그 길을 따라 한 걸음씩
먼 곳으로 나아갑니다

별빛에 깃든 고요한 언어
그 속에 담긴 수많은 기억들
어쩌면 그 작은 별은
내 삶의 노래 내 영혼의 언어
서서히 흐르는 시간이
그 별의 여백처럼
나의 숨결 속에 잠겨 있습니다

어둠 속에서도 반짝이며
희망의 빛을 잃지 않으려
조용히 빛나는 그 별
그것이 바로 내 가슴속의 별입니다

화장 따라잡기

거울 앞에 앉아
너의 작은 손끝이 세상을 바꿔 간다
붉은 립스틱을 쥐고
천천히 입술 위에 색을 입히는 너
새로운 세상에
첫발 내딛는 순간 같아

너의 눈가에 얇게 그리는 선
그 선 하나로 세상은 조금 더
선명해지고 너의 손끝에서
너의 모습은
화려한 변신을 꿈꾼다

부드럽게 파우더가 덧입혀지고
너의 입가는
점점 더 싱싱해진다
작은 브러시로 그리는 꽃잎들이
너의 얼굴에 피어난다

너의 손끝에 번지는
내가 살아온 시간이 묻어난다
아름다워 가는 네 모습에서
꽃 피고
새 우는
또 다른 나를 바라본다

햇살의 속삭임

금실로 풀어낸 아침
한 줄기 햇살이
창을 넘는다

나유타의 허공을 뚫고
내게로 온 별의 저쪽
은하가 산다는 그곳

시공의 빛이
산맥을 훑고 강을 건너
내 귓전에 바다로 가잔다

태양이 뜨는 바다
달이 저무는 바다
바람이 잠든 그곳에 가잔다

바다의 노래

소금기 머금은 바람이
푸른 물결 위에서 서핑을 한다

입맞춤 건네는 이랑마다
바다의 노래가 실리고

하늘과 바다가 입술을 맞댄
황금빛 물든 수평선 끝까지

어둠 내리고 별이 떠도
하나가 된 노래가 가슴에 스며 온다

김예서 시인의 시 세계 | 해설

해설

사랑을 표상하는 화소와 감성
— 김예서 시인의 시 세계

유한근 | 문학평론가, 전 SCAU대 교수

　서정시의 개념은 "인간의 정서나 사상을 가장 짧게 표출한 주관시"이다. 여기에서 우리가 주목해야 할 부분은 '표출한 주관시'라는 부분이다. 서정시는 표현이 아니라 표출되어야 한다. '표출'의 사전적 의미는 "겉으로 나타낸다"는 의미를 갖는다. 이에 비해 '표현'은 "생각이나 느낌 따위를 언어나 몸짓 따위의 형상으로 드러내어 나타낸다"는 의미이다. 이를 인정할 때, 문학에 있어서 적절한 언어는 표출보다는 표현일 것이다. 생각이나 느낌을 언어로 나타내는 것이 문학이기 때문이다. 그러나 나는 표출과 표현을 다르게 인식한다. 표출은 작위적이지 않은 만큼 표현은 작위적이라고 생각한다. 그래서 시를 쓰는 사람은 시인이라고 지칭하는 것이다. 철학 그 자체인 사람을 철인이라고 하듯이. 시에 대한 정의는 시인마다 혹은 문학 연구자들에 따라 다르게 말한다. 그것은 시는 시인 그 자체이기 때문이다. 시는 인간의 원초적인 삶 속에서 내면 깊숙이 혹은 원형질로 내재되어 있는 생각과 느낌을 끌어내어 형상화하는 것이다. 그것을 드러내는 방법은 작위적인 표현의 양식보다는 자연스럽게 표출되는 방식이어야 한다는 것이다. 의식적으로 끌어내기보다는 무의식 속에서 토로되는 언어 양식이라는 점이다.

김예서 시 세계의 키워드를 '영혼의 빛, 마음의 속삭임'이라 규정할 때, 그것을 시로 형상화하는 방식은 표출의 양식이어야 할 것이다. 시인의 영혼과 시인의 마음인 시심詩心을 탐색하기 위해서는 더욱 그러하다. 우리의 상상력의 촉수를 사심 없이 곧추세우고 다가가야 하기 때문이다.

김예서 시인은 자신의 첫 시집 『그리움은 바람이 되어, 기다림은 별빛 속에 숨다』의 '시인의 말'에서 이렇게 말한다. "첫 번째 시집을 내기까지 저는 늘 마음속 깊은 곳에서 작은 목소리와 마주했습니다. 그 목소리는 때로 아픈 기억을 달래고 때로 고요한 위로를 전하며 나를 이끌었습니다. 이 시들은 그 목소리의 일기장이자 내면의 빛을 찾으려는 여정의 기록"이라고 말하면서, "영혼이 맑고 고운 언어로 이 시들을 엮는다는 것은 영혼의 집을 짓는 것과 다를 바 없다"라고 토로하면서 자신이나 "시인이 전하는 작은 목소리가 하루의 끝에서 혹은 길을 걷다가 문득 떠오를 수 있는 따스한 빛이 되었으면 좋겠"다고도 희망한다. 그러면서 "시를 쓰는 일은 나만의 세상과 대화하는 일이지만 그 언어들이 누군가에게 닿는 순간 그 고요한 대화는 의미를 갖는 일이라고" 독자와의 만남까지도 고려하고 있다. 이러한 '시인의 말' 속에는 김에서 시인의 세계관이나 인생관 그리고 시 창작방법론까지도 암시하고 있다.

그렇다면 그의 시에서 시인의 에스프리를 먼저 탐색하기 위해 자신의 길을 환기하는 시 〈길을 묻다〉를 보자.

흔들리는 눈동자가
발끝에 닿는다

차가운 흙으로 엎드려 있는
잃어버린 꿈들

빛 잃은 그 목소리가 묻는다

"너는 어디에 있니?"

벼랑 끝에서
내 안에 묻어 둔 작은 빛을 꺼내 보며

어둠에서 길을 잃었던
독백이 걸어간다

독백에게 나는
길을 묻는다

이 길 끝에서 기다리고 있는
나의 길을
　　　　　　　　　　　－〈길을 묻다〉 전문

　이 시의 정체성은 사무사思毋邪이다. 삿됨이 없는 생각과 느낌 혹은 동심童心과 같은 청결함의 미학이 이 시 속에서 있다. 그것을 이 시에서 관계양식이 아닌 존재양식으로 삶과 인간을 파악하려 하고 있음이 먼저 주목된다. 철학에서는 삶과 인간에 대해서 파악하는 철학적 시각에는 존재양식과 관계양식이 있다. 전자는 관념철학을 후자는 경험철학을 만들어 냈지만, 문학에서도 이해의 편의성 국면에서 이에 적용할 수 있다. 존재양식은 순수문학이라 지칭하는 자아구원의 문학을, 관계양식은 이른바 사회 참여문학이라 지칭되는 사회 실현의 문학 그 경향을 띠게 된다. 따라서 김예서 시의 첫 번째 특성은 앞서 '시인의 말'에서 언급한 "마음속 깊은 곳에서 작은 목소리"에 귀 기울이는 존재양식의 시임이 자명하다.

　이 시에서의 키워드는 '길'이다. 그 길은 시적 자아의 길이며, 어둠에서 잃어버린 길이다. 벼랑 끝에서 시인 자신의 내면에 묻어 둔 작은 빛 같은 길이다. '독백'이라는 외로운 존재와 등가치를 이루는 존재이다, 그 존재를 탐색하기 위해 김예서는 시를 쓰고 있는 것으로 보인다. "흔들리는 눈동자"로 "차가운 흙으로 엎드려 있는/ 잃어버린 꿈들"을 탐색하면서.

1. 시적 대상의 끝, 사랑

　삶과 인간의 본체를 탐색하기 위해 김예서 시인의 "흔들리는 눈동자"는 시적 대상이 되는 우리 주위에 있는 사물을 통해서 자아를 통찰한다. 자아통찰을 통해서 인간의 본체를 탐색한다. 그 하나의 시가 〈양파〉이다. 양파라는 시적 대상을 모티프로 하여 자신의 내면을 들여다본다.

　　벗겨 내면 낼수록 네 얼굴은
　　상앗빛으로 깊게 감춰진 하얀 바다다

바닷가에 펼쳐진 은빛 모래밭처럼
허물어 낼수록 가까이하지 말라고
튕기는 몸짓이 고혹적이다

세상에서 찌들고 더러워진 것들
다 씻어 내고 오란 듯
매운 눈물 쏟게 하는 앙칼진 너

함부로 드러내지 않은 멋진 궁전이 그 속에 있으리
섬섬옥수 가녀린 손으로 입을 가리며
한껏 미소를 머금고 있을 것 같은
벗기면 깊고 백옥 같은 바다가 철썩인다

까볼수록 궁금해서 까보고 싶은 겹겹이
풍성하게 입맛 돋우는 밥상 위 반찬
나도 너를 닮고 싶은
사랑받는 여자가 되고 싶다

― 〈양파〉 전문

양파를 시인은 위의 시에서 "하얀 바다"로, "고혹적인 몸짓"을 가진 혹은 "세상에서 찌들고 더러워진 것들/ 다 씻어 내고 오란 듯/ 매운 눈물 쏟게 하는 앙칼진" 존재로 인식한다. 그리고 4연에서 "함부로 드러내지 않은 멋진 궁전이 그 속에 있"으며, "섬섬옥수 가녀린 손으로 입을 가리며/ 한껏 미소를 머금고 있을 것 같은/ 벗기면 깊고 백옥 같은 바다가" 그 속에서 철썩이고 있음을 인식하다. 그리고 마지막 연에서 "까볼수록 궁금해서 까보고 싶은 겹겹이/ 풍성하게 입맛 돋우는 밥상 위 반찬/ 나도 너를 닮고 싶은/ 사랑받는 여자가 되고 싶다"라고 토로한다. 이렇게 양파와도 같은 사랑받는 여자되기를 소망한다.

  그리고 시〈빈 의자〉에서는 불특정 존재인 '너'를 기다리며 그 기다리는 시간을 향기로 채운다. 의자가 "비어 있어도 오는 사람이 있고/ 홀로 있어도 사랑이 온다고"라는 고백을 "빈 의자에 노을이 걸릴 때" 하게 된다.

    들꽃 향기 그윽한 봄이 오면
    의자는 하냥 돌아서 홀로 있어도
    나는 두 손 턱에 괴고 앉아
    오늘도 너를 기다린다

    라일락 향기 코끝에 머물면
    나긋한 샹송이
    달콤한 노래로 몸을 녹이고
    기다리는 시간을 향기로 채워 준다

    빈 의자에 노을이 걸릴 때쯤

오늘을 너에게 고백한다
비어 있어도 오는 사람이 있고
홀로 있어도 사랑이 온다고

―〈빈 의자〉 전문

이 시에 대한 이해의 관건은 '너'라는 존재이다. 시적 자아가 오늘도 기다리고, 오늘을 고백하는 너라는 존재이다. 이 시를 한 편의 대상시, 한 편의 사물에 대한 인식의 시로 보았을 때, 이 시에서의 '너'는 '빈 의자'라는 사물로 표상되는 존재이다.

그렇다고 할 때 '빈 의자'는 누군가 앉아야 하는 곳인데 비어 있는 부재인 그 누구 혹은 그 무엇을 의미할 것이다, 시인이 기다리고 있고 고백하고 있는 그 누구 혹은 그 무엇일 수도 있다. 일상적인 사유로 '너'는 사랑하는 가족일 수 있지만, 그보다는 시인의 마음속에 지금은 부재이지만 언젠가는 채워질 존재일 것이다. 수시로 채워지지만 허기진 시 영혼, 시상詩想일 수도 있을 것이다. 아니면 위 시의 마지막 행의 "홀로 있어도 사랑이 온다고"에서의 '사랑'일 수도 있다. 그렇다면 시인이 인식하고 있는 '사랑'의 정체는 무엇일까? 시 〈사랑의 세레나데〉를 보자.

푸른 하늘에 손을 내밀면

봄빛 속에 숨겨진 속삭임이 실려 온다

하얀 꽃잎 한 장에 눈길을 묻고
손을 맞잡아 마음 나누던
함께 그린 세상을 그려 본다

사랑은 설렘으로 가득한 항아리다
마음속 깊이 넣어 둔
곰삭은 진실의 눈동자다

두 손 맞잡고
창가에서 부르던
세레나데가 봄물결에 리듬을 탄다

변치 않을 사랑의 꽃으로
     ―〈사랑의 세레나데〉 전문

 시인은 위의 시에서 "사랑은 설렘으로 가득한 항아리다/ 마음속 깊이 넣어 둔/ 곰삭은 진실의 눈동자"라고 인식하고 노래한다. 사랑을 설렘의 등가치로 인식하고, 사랑을 진실의 등가치로 인식하고 있는 점이 특이하다. 사랑의 시작을 설렘으로, 사랑의 본체를 '곰삭은 진실'의 핵으로 인식하고 있는 것이 그것이다. 그래서 변할 수 없는 영원성을 가진 꽃으로 표상되는 것으로 인식한다.

그런데 이 시에서 간과할 수 없는 하나의 이미지는 사랑을 "봄빛 속에 숨겨진 속삭임이 실려 온다"와 "세레나데가 봄물결에 리듬을 탄다"는 상황적 설정 속의 역동적인 이미지로 인식하고 있다는 점이다. 시적 대상을 사물이든 하나의 관념이든 그것을 자기화해서 노래하고 있다는 점에서도 김예서 시의 특성이라 할 수 있다. 시 〈공중전화〉에서 핸드폰 때문에 헤어져야 하는 슬픈 이별을 "오늘도 기약 없이/ 길모퉁이에 애처롭게 서 있는/ 너!"로 인식하고 있는 것처럼.

2. 가족에 대한 표상물들

문학작품으로서의 시詩가 실용문에 다른 점은 시적 대상을 표상하는 상징 혹은 은유 등 표현 구조를 차용해서 표현하고 있다는 점이다. 한 편의 시 속에 내재되어 있는 표상물을 통해서 가족과의 관계양식을 상징적으로 혹은 은유적으로 보여 주고 있기 때문이다.

어머니!/ 세상 살다 보니/ 고달픈 날도 울고 싶은 날도 많았습니다

딸이 질병의 고통 속을 지날 때/ 병원 좁은 간호 침대에서/

쪽잠으로 피곤을 견디며 보살펴 주시던/ 수많은 날들을 잊을 수가 없습니다/ 어머니…

그런데 이제 어머니의 귀에서는 매미 소리가 난다지요/ 벌써 세상 소리 싫어서 귀는/ 매미와 벗이 됐나 봅니다/ 시끄러워도 참아 내시는 어머니/ 그 시끄러운 매미를 쫓아내기 위해 보청기를 맞추던 날/ 어머니는 사람 소리가 잘 들린다며 환하게 미소 짓던/ 그날을 생각할 때마다 가슴이 자꾸만 미어집니다

어머니!/ 이제 말이 통하고 마음이 통하고/ 어머니 하고 부르면 반갑게 대답하시는 어머니/ 이렇게 좋은 날에도/ 가슴이 저며 오고 자꾸만 눈물이 앞을 가리는 이유가/ 어머니 말씀이 내 안에 살고 있기 때문입니다

어머니는 제게 따스한 요람이며/ 당신은 나의 모천입니다/ 어머니가 들려준 말씀 하나하나가/ 보석처럼 내 귀에 주렁거립니다/ 어머니가 낀 보청기보다 더 아름다운 말이/ 제 귀에서는 선녀의 말로 들립니다

어머니!라는 단어만 들어도/ 애잔해지고 눈물이 납니다/ 사랑합니다/ 어머니!
　　　　　　　　　　　　─〈어머니의 보청기〉 전문

위의 시 〈어머니의 보청기〉는 어머니에게 보내는 서간체 시이다. 마지막 연의 "어머니! 라는 단어만 들어도/ 애잔해지고 눈물이 납니다/ 사랑합니다/ 어머니!"라는 메시지를 전언하기 위해 어머니의 보청기를 모티프로 해서 쓴 구어체 시이다. 이 시에서 키워드가 되는 표상물은 '보청기'이다. 보청기는 어머니의 귀에서 들리는 매미 소리를 잠들게 하고 '사람 소리'가 잘 들려 미소 짓게 하는 표상물이다. 그리고 "어머니 하고 부르면 반갑게 대답하시는 어머니/ 이렇게 좋은 날에도/ 가슴이 저며 오고 자꾸만 눈물이 앞을 가리는 이유가/ 어머니 말씀이 내 안에 살고 있"음을 알게 하는 표상물이다. 그래서 '어머니는 따스한 요람'이며 '모천'이며, 어머니의 말씀 하나하나가 "보석처럼 내 귀에 주렁거"리게 하는 "선녀의 말로 들"리게 하는 표상물이다. 보청기라는 사물을 이렇게 어머니를 통해 인식하게 한 시를 나는 본 적이 없어 주목하게 된다.

　또한 시 〈달빛 속삭임〉에서는 '달빛'이 시인의 원체험 공간인 고향의 추석 풍경과 그리운 가족을 소환해 주는 표상물이 된다.

　　가을밤은 달빛마저 고요히 내린다
　　우리 집 마당에 은은하게 스며든다
　　추석 풍경은 동네에 고즈넉이 내려앉고

따스한 기억은 나의 걸음을 붙잡는다

어머니가 빚은 송편과
할아버지의 구수한 이야기가
달빛 아래 도란거리던
어린 시절이 그리워진다

가족이 다 함께 둘러앉아
겨울 녹이던 아랫목에 밤이 핀다
따뜻하게 서로의 가슴을 엮는 이야기꽃에
달빛도 창가에 귀를 기울인다

풍성하게 한 해를 거둔
들판에도
지붕에 올라앉은
하얀 박도 웃음꽃이 핀다

별도 달도 속삭임을 듣고
속 깊은 곳까지
빛을 내리며
환하게 반짝반짝 창가를 기웃거린다

— 〈달빛 속삭임〉 전문

위의 시 〈달빛 속삭임〉은 고향의 추석 밤 풍경이 달빛의 속삭임으로 정겹게 그려진다. '달빛 속삭임'은 시각적 이미지를 청각적 이미지로 전이시켜 표현한 표상물로 시인이 그리워하는 고향의 모든 것을 소환해 주는 상징적인 이미지인 셈이다. "어머니가 빚은 송편과／ 할아버지의 구수한 이야기가／ 달빛 아래 도란거리던" 유년 시절. "가족이 다 함께 둘러앉아／ 겨울 녹이던 아랫목에 밤이" 피고, "따뜻하게 서로의 가슴을 엮는 이야기꽃에／ 달빛도 창가에 귀를 기울"이고, "지붕에 올라앉은／ 하얀 박도 웃음꽃"을 피게 하는 별과 달의 속삭임을 '공감각전이'라는 표현 구조로 형상화하고 있는 점이 주목된다.
　시 〈흑백 사진 속에서만〉은 시인의 유년 시절의 '빛바랜 아버지의 얼굴'을 흑백 사진을 매개로, "어린 시절 어깨 위로 무등을 태우고／ 아버지가 불러 주던 콧노래"와 "아버지 향기" 그리고 "흑백 사진 속에서만／ 만져지는 아버지의 체온／ 오붓했던 우리 가족 온기"로 인해 아버지에 대한 그리움의 표상으로 나타난다.
　한편, 시인은 아버지에 대한 그리움을 '이팝꽃'으로 표상하여 노래한다.

　　하얀 쌀꽃이 피었다
　　아버지가 농사짓던
　　벼농사가 나무에서 자라서 핀 쌀꽃이다

영원한 사랑이 꽃말인 꽃
이팝꽃이 피면
아버지가 생각난다

나무 아래 숨어 속삭이던 연인들이
순수를 고백하던 이팝나무
하얀 꽃잎이 눈물처럼 떨어진다

이팝꽃이 피면
어머니가 앞치마에 훔치던
젖은 손이 생각난다

바다보다 깊고
하늘보다 더 넓은 사랑의 원조
어머니의 굽은 손이 생각난다

아린 마음 하얗게 흩날리는
이팝꽃이 심장에 내려앉는다

— 〈이팝꽃〉 전문

시 〈이팝꽃〉에서의 이팝꽃은 쌀꽃이라는 이미지로 아버지를 표상하고, 눈물처럼 떨어지는 하얀 꽃잎 이미지로 어머니를 표상한다. 그리고 영원한 사랑이라는 꽃말로 아버지와 어머니의 젖은 손과 눈물로 서정적 자아의 아린 심장에 하얗게 흩날리는 꽃이다. 영원한 사랑, 눈물, 적은 손, 굽은 손의 이미지로 이팝꽃은 가족에 대한 긍정적인 이미지와 부정적인 이미지를 동시에 부여하는 그리운 표상물인 셈이다.

이렇듯 김예서 시인은 원체험 공간인 고향과 가족에 대한 그리움을 유년 시절에 각인된 사물로 표상하여 노래하고 있다.

3. 그리움, 기다림 혹은 사랑의 기적

그리움은 진부한 시어이지만, 낯설지 않은 만큼 시인에게는 시심의 원천이 되는 정서이다. 그리움이 없는 시인은 처음부터 시인이 될 수 없는 사람이다. 그래서 시인은 그리움의 정체성을 부단히 탐색하고 그것을 새로운 언어로 형상화하려 한다.

김예서 시인은 시 〈그리움이란〉이라는 시에서 그 언어의 정체성을 정면에서 도발한다. 그리움을 시인은 이 시의 1연에서 "봄의 입술이 닿기 전/ 부르는 이름이다"라고 감각적으로 노래하기도 하고, "꽃봉오리 꺾는 욕망의 덫이다/ 서로에게 다가가려는 몸짓으로/ 별을 헤는 기다림이다"라도 관념을 구체화시키며 감각적으로 노래한다. 그리고 계속 기다림의 정체성을 다각적으로 노래한다.

눈부신 햇살이 머릿결을 쓰다듬고
연모를 꿈꾸는 애달픔의 서정이다

이름을 부르면
꽃으로 피는 봄이고
견우와 직녀가 만나려는
오작교를 건너는 일이다

은하수를 건너
미리 가슴으로 불러 보는
불면의 올가미다
마음까지 녹아내린 봄바람이다

─〈그리움이란〉에서

　김예서 시인은 위의 예시에서 그리움을 "애달픔의 서정"으로 인식하고, 이를 뒷받침하듯이 견우와 직녀의 오작교 설화를, 그리고 그것을 "불면의 올가미"이며 "마음까지 녹아내린 봄바람"이라고 노래한다.

　그리고 시 〈기다림은 꽃무릇으로 피고〉에서는 꽃무릇을 기다림의 화신으로 설정하고 노래한다. "알몸의 머리에 얹은 꽃/ 미리 나와 기다리는 저 연모에서/ 감춰진 자취를 올려 핀 꽃무릇/ 먼 길 떠난 여인의 사모가/ 눈물 한 방울로 피어난/ 붉은 얼굴일까?// 하늘을 바라보며 불러 보네/ 세월이 흘러도 지워지지 않는/ 그 기억의 조각들이 꽃으로 피네 // 서로의 운명처럼/ 사랑의 입술로/ 너를 향한 고백이 붉게 물드네"(전문)라고 노래하면서 '기다림'이라는 언어를 꽃무릇으로 표상하면서 새롭게 인식하게 한다.

또한 시 〈그대는 나의 기적〉이라는 시에서 시인은 마음의 속삭임 혹은 사랑의 속삭임을 지적으로 혹은 영적으로 인식하고 시로 노래한다. 이를 통해 우리는 그의 시에 대한 견해를 엿볼 수 있을 것이다. 이 시를 이해하기 위해서는 '그대'라는 존재가 무엇인지를 먼저 알아야 한다.

내 마음의 속삭임을 들을 줄 아는 사람
그대는 내 아픔을 함께 품고
내 기쁨을 두 배로 만들어 주는 사람

내가 무너져 내릴 때,
그대는 따뜻한 눈빛으로 내 상처를 감싸 주고
내가 부서진 날엔,
그대의 손길이 내 영혼을 다시 일으킨다

그대가 웃을 때 나도 웃음 속에 녹아들고
내 울음은 그대 품에 스며들어
서로의 감정을 조용히 들으며

서로를 위한 세상의 작은 기적이 되어 간다

내 마음의 숨결을 닫지 않고
그대의 소리만을 들을 수 있도록
내가 흔들릴 때마다
그대는 나를 지키는 바람이 되어

내가 슬플 때 화가 날 때
그대는 아무 말 없이 내 손을 잡고
고요히 나의 세상이 되어 준다

사랑은 그저 말로 표현할 수 없는 것
서로의 마음이 하나 되어
흔들림 없는 기초가 되어 가는 것

그러니 그대여
나의 모든 불안을 따뜻하게 안아 주고
내가 무엇을 원할 때는
그 마음을 깊이 이해해 줘
그대의 맑은 눈빛으로

그대만 있으면
내가 또 울어도, 내가 아파도

나는 여전히 행복할 수 있으니까
　　　　　　―〈그대는 나의 기적〉 전문

　이 시에서의 '그대'는 29행의 시행마다 혹은 이미지나 시어 하나하나에 그 의미를 달리 표현되고 있다. 이를 관통하는 의미 언어는 제목에 제시한 '기적'이다. '그대는 나의 기적'이라는 문장이다. 이를 구체화시켜 주고 있는 이미지나 의미어는 시행으로 하나하나 풀어 가고 있다. 1연의 "내 마음의 속삭임을 들을 줄 아는 사람", "내 아픔을 함께 품고/ 내 기쁨을 두 배로 만들어 주는 사람"이 그대라는 것이다. 그리고 2연에서는 "내가 부서진 날엔/ 그대의 손길이 내 영혼을 다시 일으"켜 주는 사람이라는 것이다. 그리고 3연에서는 "그대가 웃을 때 나도 웃음 속에 녹아들고/ 내 울음은 그대 품에 스며들어/ 서로의 감정을 조용히 들으며/ 서로를 위한 세상의 작은 기적이 되어 간다"고 그대와의 관계양식을 '작은 기적'으로 인식하고 노래한다.
　이쯤에서 3연을 읽어 나가면 '그대'라는 존재는 시인이 사랑하고 의지하는 가족, 남편 혹은 존경하는 사람 아니면 신적인 존재는 아닐까 하는 추측을 하게 된다. '기적'이라는 시어와 '사랑'이라는 시어가 표상하고 있는 종교적 존재는 아닐까 하는 생각을 하게 된다.
　하지만 이 시의 후반부인 "내가 흔들릴 때마다/ 그대

는 나를 지키는 바람이 되어", "내가 슬플 때 화가 날 때/ 그대는 아무 말 없이 내 손을 잡고/ 고요히 나의 세상이 되어 준다 // 사랑은 그저 말로 표현할 수 없는 것/ 서로의 마음이 하나 되어/ 흔들림 없는 기초가 되어 가는 것"과 마지막 2연의 '맑은 눈빛' '행복'이라는 시어를 보아 그대는 시인의 반려자인 남편이나 아니면 '문학' 혹은 '시'라는 생각을 하게 된다.

  이러한 필자의 판단이 맞다고 할 때, 나는 이 시에서 "서로를 위한 세상의 작은 기적"이라는 시행에 주목하게 된다. 그리고 앞서 언급한 '시인의 말'에서의 "시인이 전하는 작은 목소리가 하루의 끝에서 혹은, 길을 걷다가 문득 떠오를 수 있는 따스한 빛이 되었으면 좋겠"다는 토로와 연결되면서 김에서 시인의 시정신 혹은 시적 영혼을 가늠하게 된다. 시인 자신의 내면적인 성찰이나 자아 정체성 추구을 위해 시를 쓰는데 그치지 않고 타인에게도 '작은 빛'이 되었으면 한다는 토로가 그것이다.

  이와 같은 맥락의 시로 시 〈구상 시인 길을 걸으며〉를 읽어도 좋을 것이다. 구상 시인은 독실한 로마 가톨릭교회 신자로 해방 후 원산의 작가동맹에서 펴낸 시집 『응향』에 자신의 시를 실으면서 시인으로 활동을 시작한다. 그러나 그의 자연인으로서 삶은 우리 사회나 역사적 사실을 외면하지 않고, 한국 전쟁시 종군기자단에 참가하고, 이승만 정권에 반대하는 민주 언론 운동 등 민주화

운동을 외면하지 않은 올곧은 시인으로 존경받는 시인이다. 이런 구상 시인과 김예서 시인과의 관계는 구상기념사업회로부터 창작지원금에 선정되어 이 시집이 나오는 데 도움을 받으면서 시작된 것으로 알고 있다. 그로 인해 구상 시인의 시 세계를 암암리 받은 것으로 보인다.

하늘이 깊고 푸르러
구상 시인의 길 위에
그의 시 향기가 흐른다
가을바람에 실려 오는
잊지 못할 기억들로

옛 목소리 밤하늘의
별처럼 그분의 존재를
느끼게 한다 아! 사랑과 슬픔의 조화
추모의 향기가 짙다

시의 언어로 세상을 채워 새겨진
그 길을 걸으며 나는
시의 향기를 읊조린다.

함께 숨 쉬는 구상 시인
영원의 뿌리로 우리의 마음속에 살아 있어

그의 참사랑을 섬겨 본다
　　　　　　－〈구상 시인 길을 걸으며〉 전문

　이 시는 이른바 추모시이다. 그러나 이 시에서 주목되는 부분은 후반부의 "시의 언어로 세상을 채워 새겨진" 구상 시인의 향기와 "함께 숨 쉬는 구상 시인/ 영원의 뿌리로 우리의 마음속에 살아 있어/ 그의 참사랑을 섬겨 본다"에서의 '참사랑'에 대한 환기이다.
　간과할 수 없는 시도 보이는, 갈대를 모티프로 한 시 〈저녁노을 밟으며〉의 첫 연 "노을 내려앉은 갈대숲에/ 바람이 운다/ 흔들리며 시간의 끝자락을 잡고/ 갈대가 운다"에서의 갈대와도 같은 인간 존재가, 시 〈풀잎 속삭이는 길목〉의 끝 시행의 "선율로 누비는 길목에서/ 하늘을 섬기는 갈대"의 마음으로 이 시를 쓴 것으로 보인다.

　　바람결에 서걱이는
　　갈대 소리
　　그 소리

　　마디에 숨결 실어
　　시샘도 잊은 채
　　금빛으로 흔들린다

풀잎 속삭이는 길목을 지나
꿈결처럼 흐르는
시간도 멀미를 한다

산자락에 휘어진
길 끝까지
억새는 일렁이며 꿈을 꾼다

순간이
선율로 누비는 길목에서
하늘을 섬기는 갈대가 운다

—〈풀잎 속삭이는 길목〉 전문

  위의 시 〈풀잎 속삭이는 길목〉은 풀잎이 속삭이는 길목에서 꿈을 꾸는 억새와 하늘을 섬기는 갈대를 수채화처럼 그리면서 서걱이며, 흔들리며, 멀미하며 살아 있음을 땅과 하늘에 고하는 풀잎들의 생명성을 보여 주고 있어 주목된다.

  김예서 시인은 시 〈사랑이란〉에서 "사랑은 눈물 속에서 빛을 찾는 일/ 어둠 속에서 작은 불꽃을 피우는 일/ 서로의 마음을 나누는 일이다"라고 첫 연을 열고, 2연에서는 "미로 같은 마음의 문을 열고/ 그 안에 숨겨진 / 모든 상처를 껴안는 일/ 서로의 결점을 품고/ 더 큰 아름다움을 발견하는 일이다"라고 사랑의 미학을 노래한다. 그리고 3연에는 "사랑은 바람처럼 다가와/ 조용히 가슴을 스치며 길을 내는 일/ 때로는 무겁고 아픈 상처를 남기는 일/ 그러나/ 결국은 치유로 돌아오는 일이다"라며 사랑의 묘약을, 그리고 마지막 연에서는 "사랑은 끝내 변치 않는 진리/ 서로에게 나를 모두 내어 주는 일/ 끝내는 비로소 완성되는 일이다"(시 〈사랑이란〉 전문)라고 사랑에 대한 결론적인 아포리즘을 노래한다. 물론 독일인의 시인이며 철학가인 잉게보르크 바라만의 말처럼 "오늘의 결론은 결론이 아니다. 결론을 내릴 수 있는 사람은 스스로 목숨을 끊는 사람"이기 때문에 이 시 〈사랑이란〉이라는 시가 결론적인 것은 아닐 것이다. 시 창작의 경륜이 쌓이고 사랑에 대한 사유 혹은 인식이 더 깊어지면 우리 모두를 위안해 주는 아포리즘적인 시를 더 많이 들을 수 있을 것으로 보인다.

김에서 시의 키워드인 '영혼의 빛, 마음의 속삭임'의 본체는 사랑이다. 그 사랑을 표상하는 모티프들은 우리 곁에 있는 사람들과 사물을 비롯한 자연의 모든 것들이다. 좀더 구체적으로 언급하면, 원체험 공간인 고향과 지금 우리가 숨 쉬며 살고 있는 우리 주위의 자연물들과 사랑하는 가족들과 친지들이다. 그것들에 대해 그는 감각적이고 관념적인 새로운 인식과 사유로 시의 세계를 형상화하지만 우리는 좀 더 지켜봐야 할 것이다. 그의 시는 이제 시작한 것이며 그의 시 세계의 가능 지평은 열려 있기 때문이다. 인간의 근본적인 모티프인 사랑을 표상하는 화소와 감성이 무한하기 때문이다. 이 점이 김예서 시인을 주목하게 한다.＊

그리움은 바람이 되어, 기다림은 별빛 속에 숨다

발행 | 2024년 12월 23일
지은이 | 김예서
펴낸이 | 김명덕
펴낸곳 | 한강출판사
홈페이지 | www.mhspace.co.kr
등록 | 1988년 1월 15일(제8-39호)
주소 | 서울특별시 종로구 인사동11길 16, 303호(관훈동)
전화 02) 735-4257, 734-4283   팩스 02) 739-4285

값 14,000원

ISBN 978-89-5794-580-3 04810
　　　978-89-88440-00-1 (세트)

※ 저자와의 협약에 의해 인지는 생략합니다.
※ 잘못된 책은 바꾸어 드립니다.